LET'S GO!

Otto René Castillo

translation by
Margaret Randall

CURBSTONE PRESS

This selection was made from the
first edition in Spanish of
VAMONOS PATRIA A CAMINAR,
Ediciones Vanguardia,
Editorial Landivar,
Guatemala, C.A., 1965.

English translation
copyright Margaret Randall 1971

Some of these translations
first appeared in the following
magazines: CAMEL'S COMING,
CAW, EL CORNO, EMPLUMADO, MONK'S POND
and many U.S. movement publications.

FIRST U.S. EDITION

Originally published by
Cape Golliard Press, 10a Fairhazel
Gardens, London NW6. in 1971.

This first U.S. edition has
been published with the
support of
THE CONNECTICUT COMMISSION ON
THE ARTS, a state agency whose
funds are recommended by the
governor and appropriated by
the state legislature.

LC: 84-9397
ISBN: 0-915306-44-1

CURBSTONE PRESS
321 Jackson Street Willimantic CT 06226

3/86

CONTENTS

INTRODUCTION

These poems by Otto René Castillo will ask a new kind of response of their readers. The translations were not made for the reasons one translates Vallejo or studies Lorca. They were not even made for the reasons one might transpose the work of some of our outstanding contemporaries: Ernesto Cardenal or Juan Gelman. Otto René Castillo was not a man whose prime concern in life was poetry; his prime concern in life was life, and that concern and commitment led to his death as well as producing, along the way, a legacy of three books of poetry.

Castillo's language is simple, direct, but never ordinary. He asks not metaphorical involvement from his reader, but action. His play with the phraseology of his time may result in cliché to the reader looking only for literary innovation. In this case the reader must come prepared to follow the twist now almost lost among us: absolute honesty and absolute commitment.

Otto René Castillo's life sounds heroic to us. It is. And it is even more heroic if one realizes it is not unique among Latin Americans of his generation. He was born in Quetzaltenango, Guatemala, in 1936 and entered political life at the age of 17, assuming the presidency of his high school student association. In that same year, 1954, he was exiled for the first time. In that same year and in that same exile, he began writing poetry.

In 1955 he shared the famous Central American Poetry Prize with Roque Dalton, well-known poet from El Salvador. The following year, 1956, he won the "Autonomia" poetry prize in Guatemala City, and in 1957, he was awarded one of the poetry prizes at the World Youth Festival.

Castillo returned from exile in 1958 and began studying law at the University of Guatemala. He was declared the best student in the school and awarded the "Filadelfo Salazar" scholarship. His particularly analytical mind not only marked his academic career as exceptional, but gave him particular insight into problems of Guatemalan political life, evoking great respect among his comrades.

In 1959, again in exile, he began to study letters at the University of Leipzig, Germany, where he was exempted from taking almost all examinations as the rectors felt they were unnecessary.

Again in his own country in 1964, he continued his activities as a student organizer and co-edited the newspaper "Vocero Estudiantil." He founded the "Teatro Experimental de la Municipalidad", experimental revolutionary theatre which, although unknown to them, is certainly one of the ancestors of the current U.S. guerilla theatre (both, perhaps, having their roots in Brecht). The same year he published his first book of verse, *Tecun Uman*.

In 1965 the military dictatorship of Guatemala imprisoned and exiled Castillo again. From that time to late in the following year, he spent some time in Cuba and also in Germany again, where he left a wife and two small children. Near the end of 1966 he returned to Guatemala to integrate definitively into the F.A.R. (Revolutionary Armed Forces), under the command of the late Major Luis Augosto Turcios Lima. In March, 1967, after 15 days of eating only roots, he and a girl comrade (Nora Paiz, known to the guerillas as "Raquel") were captured in ambush, tortured 4 days and finally burned alive—March 19th.

These poems are a selection from his second book (the last to be published during his life), *Vámonos Patria a Caminar*. A posthumous collection was due to appear last year, but the print shop, presses and publication plans were all destroyed by the Guatemalan government. Copies exist, however, and sooner or later the poems will appear. Meanwhile, as Cesar Montes, Commander of the F.A.R., says in a short introduction to a new Mexican edition of *Vámonos Patria a Caminar*, "the greatest homage we can pay him, is to go on fighting."

M.R., 1971.

CURBSTONE PRESS has brought out a new edition of *LET'S GO!*, the book you hold in your hands. And they have asked me to write a new introduction to these poems, create a new bridge of words from 1971 to the present.

What to say? More than a dozen years have passed. Otto René continues to grow among his comrades in the vastly multiplied Guatemalan struggle for justice. His poems are the voice that refused to die that March 19th, in his painful—and extraordinary—jungle.

In the brief introduction to the first bilingual edition (Cape Goliard Press, London), I said "Otto René Castillo was not a man whose prime concern in life was poetry; his prime concern in life was life . . ." Today I would say that's far too simple—and rhetorical—a statement. Poetry, when it works—when it's poetry—IS life. Anything else is irrelevant.

There is little I can add about the poet's life. The basic facts are here, in the first introduction. In 1979, newly arrived in Managua, I met Zoila Quinones, Otto René's sister. Hearing her speak of her brother's life and death brought few new details to the surface. But it allowed a retake on the significance and worth of the contribution of this man who, like his brother Roque Dalton in El Salvador, or Carlos Fonseca in Nicaragua, were among the early architects of the long hard war being won for freedom in Central America.

Rereading the translations, I find them somewhat literal. Perhaps today I would have taken more liberties, made a bit more use of the Central American idiosyncrasy I have come to recognize. But I stand by them. They carry the content and spirit of the verse. As between the inhabitants of Vietnam and the United States, between those of Central America and our country a mutual knowledge has deepened around a terrifying relationship. Names such as Quetzaltenango are familiar today in the U.S. because of news services, massacres, and poetry. No matter which side of the battlefield you're on, the days of trivial tourism and tropical exploitation are doomed. Largely because of the sacrifice of tens of thousands like Otto René and Nora.

So, I am glad for this new edition of these poems. Glad and moved, 12 years closer to a free Guatemala and a living Central America.

—Margaret Randall
Managua, August 1983

These translations are dedicated to our compañeros all over the world who, like Otto René Castillo, "remain blind so we may see."

M.R.

FRENTE AL BALANCE, MAÑANA

Y cuando se haga
el entusiasta recuento
de nuestro tiempo,
por los que todavía
no han nacido,
pero que se anuncian
con un rostro
más bondadoso,
saldremos gananciosos
los que más hemos
sufrido de él.

Y es que adelantarse
uno a su tiempo,
es sufrir mucho de él.

Pero es bello amar al mundo
con los ojos
de los que no han nacido
                              todavía.

Y espléndido,
saberse ya un victorioso,
cuando todo en torno a uno
es aún tan frío tan oscuro.

BEFORE THE SCALES, TOMORROW

And when the enthusiastic
story of our time
is told,
for those
who are yet to be born
but announce themselves
with more generous face,
we will come out ahead
—those who have suffered most from it.

And that
being ahead of your time
means suffering much from it.

But it's beautiful to love the world
with eyes
that have not yet
been born.

And splendid
to know yourself victorious
when all around you
it's all still so cold,
                    so dark.

INTELECTUALES APOLITICOS

Un dia,
los intelectuales
apolíticos
de mi país
serán interrogados
por el hombre
sencillo
de nuestro pueblo.

Se les preguntará,
sobre lo que hicieron
cuando
la patria se apagaba
lentamente,
como una hoguera dulce,
pequeña y sola.

No serán interrogados
sobre sus trajes,
ni sobre sus largas
siestas
después de la merienda,
tampoco sobre sus estériles
combates con la nada,
ni sobre su ontológica
manera
de llegar a las monedas.
No sé les interrogará
sobre la mitología griega,
ni sobre el asco
que sintieron de sí,
cuando alguien, en su fondo,
se disponía a morir cobardemente.

APOLITICAL INTELLECTUALS

One day
the apolitical
intellectuals
of my country
will be interrogated
by the simplest
of our people.

They will be asked
what they did
when their nation died out
slowly,
like a sweet fire,
small and alone.

No one will ask them
about their dress,
their long siestas
after lunch,
no one will want to know
about their sterile combats
with "the idea
of the nothing"
no one will care about
their higher financial learning.
They won't be questioned
on Greek mythology,
or regarding their self-disgust
when someone within them
begins to die
the coward's death.

Nada se les preguntará
sobre sus justificaciones
absurdas,
crecidas a la sombra
de una mentira rotunda.

Ese día vendrán
los hombres sencillos.
Los que nunca cupieron
en los libros y versos
de los intelectuales apolíticos,
pero que llegaban todos los días
a dejarles la leche y el pan,
los huevos y las tortillas,
los que les cosían la ropa,
los que les manejaban los carros,
les cuidaban sus perros y jardines,
y trabajaban para ellos,
                    y preguntarán,
"¿Qué hicistéis cuando los pobres
sufrían, y se quemaba en ellos,
gravemente, la ternura y la vida?".

Intelectuales apolíticos
de mi dulce país,
no podréis responder nada.

Os devorará un buitre de silencio
las entrañas.
Os roerá el alma
vuestra propia miseria.
Y callaréis,
                    avergonzados de vosotros.

They'll be asked nothing
about their absurd
justifications,
born in the shadow
of the total lie.

On that day
the simple men will come.
Those who had no place
in the books and poems
of the apolitical intellectuals,
but daily delivered
their bread and milk,
their tortillas and eggs,
those who mended their clothes,
those who drove their cars,
who cared for their dogs and gardens
and worked for them,
                    and they'll ask :
"What did you do when the poor
suffered, when tenderness
and life
burned out in them?"

Apolitical intellectuals
of my sweet country,
you will not be able to answer.

A vulture of silence
will eat your gut.
Your own misery
will pick at your soul.
And you will be mute
                    in your shame.

EL SABOR DE LA SAL

En mi
se está muriendo
esta tarde
tu espalda,
mi triste
fugitiva.
Nunca como ahora
se apaga
en mis ojos
la ola de tu rostro.
Nunca como ahora
vamos girando,
huyendo tú
de mi boca,
mi boca huyendo
de tu espalda,
aproximándonos
a la ceniza
del último beso.

Ahora ya lo sé,
amor mío.
El primer beso es dulce
y tiene un temblor celeste.
El último es gris
y tiene un sabor tan sal,
qué nunca como ahora
me dolerá
estar solo conmigo,
asistiendo
a la muerte
de tu espalda tan bella.

THE TASTE OF SALT

Your back
is dying in me
this afternoon,
my saddened fugitive.
Never as now
the wave of your face
burns out in me.
Never as now
do we spin,
you fleeing my mouth,
my mouth fleeing
your back,
both approaching
the ashes
of the last kiss.

Now I know,
my love.

The first kiss is sweet
and trembles in the heavens.
The last is grey
and tastes of salt
so that never as now
will I feel the pain
of being alone with myself,
witness to the death
of your lovely back.

EN LAS AGUAS DEL ELBA

Es una tarde
azul,
junto al Elba,
en el otoño
más otoño de todos.
Bajo mis pies
las hojas,
y en ellas tanta altura
y tanto cielo todavía.
Arriba, los árboles
y el hueco que dejaron
las hojas,
ahora ocupado por el viento
y la mirada siempre grave
de los hombres,
cuando el invierno se acerca,
blanco y frío como un ángel.
De espaldas a mi corazón
el llanto es un cantar
con sienes sin laureles
y sin acceso
al vuelo de los pájaros.
Y de frente a mí,
en el mundo
de las aguas,
aparece
en subsueños
delicados
la recortada figura
de tus bosques infinitos.
Y tus ciudades,
tranquilas olas,
rescoldos de una lejana
ternura,
con luces en el atardecer
y nadie en la noche
con quien hablar
de los países más remotos,
a donde el sol
llega tarde toda la vida.

IN THE WATERS OF THE ELBA

It's a blue
afternoon,
beside the Elba,
in the autumnest
autumn of them all.
Under my feet
the leaves,
so much height
and so much sky in them still.
Above me, the trees
in the space left
by the leaves,
now taken by wind
and the always serious
faces of men,
when winter comes
white and cold as an angel.
With its back to my heart
the cry is a song
its temples without laurels,
without entrance
in the flight of birds.
And before me,
in the world
of water,
in delicate daydreams
the linear figures
of your infinite forests
appear.
And your cities,
calm waves,
fragments of a distant
tenderness,
with afternoon lights
and no one in the night
to talk about
those far off countries
where the sun
is forever late.

Un barco cruza
el agua,
y por lo espeso
y prolongado de su humo,
se sabe que van tristes
también los marineros.

Se hace amable y dulce la patria
si se comienza a recordarla
y a la verdad de estar solo
se agrega también la de estar lejos.
Pero uno ha leído hace poco,
en un café lleno de bullicio
y noche que no llega,
que aún sigue sufriendo
igual que siempre.
Y entiende
que es muy amarga
la patria,
si es una cárcel
de llanto,
a donde llega el hombre
sólo a entristecer
los paisajes.

Hondo,
en el agua,
nace el recuerdo,
                    y nace su corcel.
Ciudades, edificios,
                    calles,
                              alboradas,
lagos,
caminos, y la esperanza,
siempre la esperanza.
De regreso a la ciudad
lloran todavía las aguas
una infinita lágrima de peces,
cuya huella en el río
tiene tanta y mucha semejanza
con un camino que no se aparta
nunca del fondo de mi pecho,
menos cuando es otoño
y se lee en un diario
que le han vuelto a poner sitio
a la ciudad del alba,

A boat crosses
the water,
and from its heavy
length of smoke
one knows the sailors too
are sad.

One's country turns kind and sweet
if one begins the remembering
adding the truth of being alone
to the truth of being away.
But in a musty cafe
where night does not arrive
one reads :
the suffering continues
the same as always.
And one understands
that a country is bitter
if it's a prison
where man arrives
only to sadden the landscape.

Deep
in the water
the memory is born,
                        the birth of those lines.
Cities, buildings,
                streets,
                        signs,
lakes,
paths and hope,
always hope.
Returning to the city
the waters still cry
their endless teardrops of fish,
whose mark on the river
is so like that road
never moving far
from the depth of my chest,
and less when it's autumn
and one reads in the paper
they've returned martial law
to the city of dawn,

tan sólo porque no se resigna
a ser la prostituta del extraño
y levanta su rosa con las manos
de sus hijos más nobles,
y sigue viendo hacia la aurora
a la espera de que llegue
su siempre de ternura
                                y libertades.

A lo lejos, en el Elba,
cuando las gaviotas
cruzan bajo los puentes,
es más grave el corazón
si gira en el viento y en el agua,
para cumplir la función de un astro
en la memoria de un loco bondadoso.

Es otoño de tarde
junto al Elba,
y la vejez del día
da comienzo a la noche.
Uno entiende, entonces,
que todo caminante
lleva en la frente
el fin de su jornada.
Y me levanto, no de la banca
junto al oscuro rostro de las aguas,
en cuyos ojos estuve mirando
esta tarde mi tristeza.
Me levanto, digo, de mi alma,
en donde siempre estás,
patria de los venados
y las lunas,
que no has de apagarte jamás
si aún existe en cualquier parte,
la pequeña ternura de una sangre
que alce sus brazos en busca
de tu alma, madre patria mía.

only because she's not resigned
to being the stranger's prostitute
and lifts her rose in the hands
of her noblest sons,
and keeps on looking to the morning
waiting for her permanent tenderness
and liberties
to arrive.

Far away, on the Elba,
when the gulls
cross under the bridges,
the heart is sadder
if it spins in the wind and water
taking the place of a star
in the memory of a gentle madman.

It is autumn's afternoon
beside the Elba,
and the age of the day
begins the night.
One understands, then,
that all who walk
carry the end of their journey
on their brow.
And I get up, not from the bench
beside the water's dark face,
in whose eyes this afternoon
I saw my sadness.
I get up, I say, from my own soul,
where you are always
country of deer
and moons,
and you will never burn out
if anywhere exists
the small tenderness of a blood
that raises its arms in search
of your soul,
                    mother my land.

ACONTECE ASI, ENAMORADOS

Los enamorados
que ahora se besan,
todavía no saben
que tendrán
que separarse muy pronto.

Los enamorados
que aún no se han encontrado,
ignoran
que pronto creerán
haberse hallado
para todos los tiempos.

Pobres
los que ya se encontraron,
ahora tendrán
que separarse.

Pobres
los que aún no se han hallado,
ahora tendrán
que continuar esperando.

LOVERS LIKE THIS

The lovers
who kiss each other now,
don't yet know
they'll have to separate
so soon.

The lovers
who have not yet found each other,
don't know that soon
they'll think they've found each other
forever.

Sad,
those who have found each other,
now they will have to part.

Sad,
those who have yet to meet,
now they will have to keep on waiting.

POR EL BIEN DE TODOS

Oid,
ved,
palpad
esta voz,
que detrás
arde
un hombre,
dulcemente,
por el bien de todos.

¿Habladurías?

Probad,
vosotros,
a ser dignos
todo un día.
Y después
hablaremos,
a solas
si queréis.

Os digo.

A estas
alturas de nuestro
tiempo,
después
de veinte siglos
de prédica cristiana,
el hombre
es más vil que nunca,
más malo que nunca,
más áspero que nunca.
¡ Sí hasta se ha olvidado
ya de la palabra : ¡ amor !
Esto, por lo menos,
en mi país,
suave y sonoro
como ninguno.

FOR THE GOOD OF ALL

Listen,
look,
touch
this voice,
for underneath
a man burns sweetly
for the good of all.

Cliches?

You,
try to be worthy
all day long.
Afterwards
we'll speak alone
if you wish.

I tell you.

At this stage of our time
after twenty centuries
of christian word,
man is worse than ever
more evil than ever
less caring than ever.
Even the word love
has been lost
          —love!
This at least in my country
gentle and sonorous as no other.

Y a pesar de todo,
hay países,
en donde el hombre
canta a duo con la ternura.
Y come lo suficiente.
Y bebe lo suficiente.
Y construye lo suficiente, y más.
Y ama, a más no poder,
sí se le antoja
ser una tormenta ciega,
todo alma y roca.

¿Qué quien hizo
esos países?

El, sólo él,
con sus manos
cordiales y duras.
Y con la hoguera
de su cerebro,
de donde sale
disparado,
como un cohete
espacial,
el futuro.
El, el hombre
nuevo,
quien viendo
el horizonte de sus manos,
dijo un día :
"¡ Basta ya de hambre !
¡ Basta ya de puerca miseria !
¡ Basta ya de ser el juguete
de fuerzas divinas que no existen !
¡ Basta y basta y basta !

¡ El destino soy yo !

De aquí en adelante,
dijo,
vendrán los siglos
a arrodillarse
ante mi estampa
orgullosa,
única
y humana".

And in spite of it all,
there are nations where man
sings a duet with tenderness.
And eats enough.
And drinks enough.
And constructs enough, and more.
And loves, more than enough
if the blind torment appeals to him,
rock and air.

And who made
these nations?

He,
he with his hands
cordial and hard.
And the heat of his head
from where the future
bursts
like a rocket in space.
He,
the new man
who looking
on the horizon of his hands,
said one day :
Enough hunger !
Enough misery !
Enough being the toy
of divine forces that don't exist !
Enough and enough and enough !

I am my own destiny !

From now on
he said,
the centuries will come
to kneel before my image,
proud,
alone,
and human.

Y comenzó
a remontar las montañas
del odio,
a vencer las gigantescas
moles de la envidia,
a penetrar
en las intrincadas selvas
de la miseria y el hambre.
Y fue aclarando su alma
con las golondrinas
de la ternura.

Y todos los magnates
del mundo, se reían,
junto a los políticos puros,
trasnochados de acciones,
comerciales e industriales.

¿Qué hoy ya no se ríen?

¡Natural y biológico!

El, sólo él,
el poderoso del siglo,
el orgulloso de sí,
el único y humano,
el hombre obrero,
venció, vence
y seguirá venciendo.

Como un cometa
se perderá en la historia,
con la frente en llamas,
pero su luz seguirá
alumbrando todavía
los siglos que vendrán.

Y si llegas ahora
a la plaza de sus acontecimientos,
a las calles donde jugó su vida,
encontraréis el pan
en la mesa de todos,
el techo sobre le cabeza
de todos,
el beso en los labios
de todos,

And he began
to climb the mountains of hate,
to conquer
the enormous moles of envy,
to penetrate
the labyrinth jungles
of misery and hunger.
And his soul became light
with the swallows of tenderness.

And all the magnates of the world,
laughing,
laughing with the pure *politicos*,
hung over with their lives
of commerce and industry.

Have they stopped laughing today?

Naturally not, biologically not!

He, only he,
the powerful of this century,
the proud of himself,
the solitary and the human,
the man who works,
has won, wins,
and will keep on winning.

Like a comet
he'll disappear in history
with his forehead in flame
but his fire will continue
lighting the centuries to come.

And if you come now
to the plaza of his acts
to the streets where he risked his life,
you'll find bread
on everyone's table,
a roof over everyone's head,
a kiss on the lips
of everyone,

a la amistad correteando
en el alma de todos.
¿Qué cuando llegará
esa fuerza cósmica
hasta mi dulce país,
sonoro y oloroso,
como pétalo de mar?

¡Cuando nosotros todos
decidamos hacerla llegar!

¡O nunca!

Sólo en nosotros
está
la aurora, el amanecer,
o en ninguna parte.
Debajo de nuestra noche
nos espera un sol
más grande que un universo:
la libertad auténtica del hombre.
Pero la libertad es como el trigo.
Se la debe sembrar, suavemente,
y regar después todos los días.
Y protegerla,
hasta que se multiplique,
llene la boca del viento,
el hambre de todos,
y se haga invencible.

Así, digo,
nuestra vileza,
nuestra maldad,
nuestra aspereza,
sólo serán exterminadas
con la unidad de todos
por el bien de todos.
Sí nos unimos,
venceremos al temeroso
presintiendo su muerte,
enemigo, que aulla ya,
definitiva y grande.

¿Entendéis ahora
esta voz?

friendship running in the veins
of all.
And when will this cosmic force
arrive in my sweet country?
sonorous and olorous
like a petal in the sea?

When we, all of us,
decide to make it arrive!

Or never.

Only in ourselves
the light, the dawn,
or nowhere.
Beneath our night
a sun awaits us
greater than the universe:
the authentic freedom of man.

But freedom is like wheat.
It must be planted, softly,
and watered every day.
It must be protected
till it multiplies,
fills the mouth of the wind,
the hunger of all,
and becomes invincible.

So, I say,
our evil,
our badness,
our lack of care,
will only be wiped out
with the unity of all
for the good of all.
If we unite
we will win over the fearful
smelling his own death,
enemy, howling already,
definitive and huge.

Now do you understand
this voice?

No es sólo la mía,
ni la tuya,
sino la de todos.
Y sé, positivamente,
que muchos la oyen,
la palpan,
la ven,
y lloran a escondidas,
porque reconocen
en ella su propia voz,
la voz que ya perdieron
o que ya no pueden emitir.
Y sé que aman
y respetan esta voz,
porque nadie puede negar
que detrás de esta voz,
hay un hombre que arde,
dulcemente,
por el bien de todos,
aún por el bien de aquellos
que nunca me escucharon.

It is not only mine,
nor yours,
but that of all.
And I know
that many hear it,
they sense it,
they see it,
and cry in hiding
because they recognize
in that voice their own,
the voice already lost
or not yet emerging.
And I know they love
and respect this voice,
because no one can deny
that beneath the voice
a man burns
sweetly
for the good of all,
even for the good of those
who have not heard it.

SATISFACCION

Lo más hermoso
para los que han combatido
su vida entera,
es llegar al final y decir :
creíamos en el hombre y la vida
y la vida y el hombre
jamás nos defraudaron.

Así son ellos ganados para el pueblo.
Así surge la eternidad del ejemplo.

No porque combatieron una parte de su vida,
sino porque combatieron todos los días de su vida.

Sólo así llegan los hombres a ser hombres :
combatiendo día y noche por ser hombres.

Entonces, el pueblo abre sus ríos más hondos
y los mezcla para siempre con sus aguas.

Así son ellos, encendidas lejanías.
Por eso habitan hondamente el corazón
                                    del ejemplo.

SATISFACTION

The most beautiful
for those who have fought a whole life,
is to come to the end and say :
we believed in man and in life
and life and man
never let us down.

And so they are won for the people.
And so the infinite example is born.

Not because they fought a part of their lives
but because they fought all the days of all their lives.

Only this way do men become men :
fighting day and night to be men.

Then the people open their deepest rivers
and they enter those waters forever.

And so they are, distant fires,
living, creating the heart
                              of example.

INFORME DE UNA INJUSTICIA

"Desde hace algunos días se encuentran bajo de la lluvia
los enseres personales de la señora Damiana Murcia v. de
García de 77 años de edad quien fue lanzada de una
humilde vivienda, situada en la 15 calle "C", entre 3ª y 4ª
avenidas de la zona 1".

(Radioperiódico "Diario Minuto", primera
edición del día miércoles 10 de junio de 1964.)

Tal vez no lo imagines,
pero aquí,
delante de mis ojos,
una anciana,
Damiana Murcia v. de García,
de 77 años de ceniza,
debajo de la lluvia,
junto a sus muebles
rotos, sucios, viejos,
recibe
sobre la curva de su espalda,
toda la injusticia
maldita
del sistema de lo mío y lo tuyo.

Por ser pobre,
los juzgados de los ricos
ordenaron deshaucio.
Quizá ya no conozcas
más esta palabra.
Así de noble
es el mundo donde vives.
Poco a poco
van perdiendo ahí
su crueldad
las amargas palabras.
Y cada día,
como el amanecer,
surgen nuevos vocablos
todos llenos de amor
y de ternura para el hombre.

REPORT OF AN INJUSTICE

"For the past few days the personal belongings of Mrs.
Damiana Murcia widow of Garcia, 77 years of age, have
been out in the rain where they were thrown from her
humble living quarters located at 15 "C" Street, between
3rd and 4th, Zone 1."

(Radio newspaper "Diario Minuto"
first edition, Wednesday, June 10, 1964.)

Perhaps you can't believe it,
but here,
before my eyes,
an old woman,
Damiana Murcia widow of Garcia,
77 years of ashes,
under the rain,
beside her furniture,
broken, stained, old,
receives
on the curve of her back
all the monstrous injustice
of your system, and mine.

For being poor,
the judges of the rich
ordered eviction.
Perhaps you no longer
understand that word.
How noble the world
you live in !
Little by little
the bitterest words
lose their cruelty there.
And every day,
like the dawn,
new words emerge
all full of love
and tenderness for man.

Deshaucio,
                ¿cómo aclararte?
Sabes, aquí,
                cuando
no puedes pagar el alquiler,
las autoridades de los ricos
vienen y te lanzan
con todas tus cosas
a la calle.
Y te quedas sin techo,
para la altura de tus sueños.
Eso significa la palabra
deshaucio : soledad
abierta al cielo, al ojo juzgor
y miserable.

Este es el mundo libre, dicen.
¡ Qué bien que tú
ya no conozcas
estas horrendas libertades !

Damiana Murcia v. de García
es muy pequeña,
                sabes,
y ha de tener tantísimo frío.

¡ Qué grande ha de ser su soledad !

No te imaginas
lo que duelen estas injusticias.

Normales son entre nosotros.
Lo anormal es la ternura
y el odio que se tiene a la pobreza.
Por eso hoy más que siempre
amo tu mundo,
                lo entiendo,
                        lo glorifico
atronado de cósmicos orgullos.

Y me pregunto :
¿Por qué, entre nosotros,
sufren tanto los ancianos,
sí todos se harán viejos algún día?
Pero lo peor de todo
                es la costumbre.
El hombre pierde su humanidad,

Eviction,
                how to explain it?

You know,
here when you can't pay the rent
the authorities of the rich
come and throw your things
in the street.
And you're left without roof
for the height of your dreams.
That's what it means, the word
eviction : loneliness
open to the sky, to
the eye that judges, misery.

This is the free world, they say.
What luck that you
no longer know
these liberties !

Damiana Murcia widow of Garcia
is very small,
                you know,
and must be very cold.

How great her loneliness !

You can't believe
how these injustices hurt.

They are the norm among us.
The abnormal is tenderness
and the hate of poverty.
And so today more than ever
I love your world,
                I understand it,
                                I glorify
its cosmic pride.

And I ask myself :
Why do the old
suffer among us so,
if age comes to us all
one day ?
But the worst of it all
                        is the habit.
Man loses his humanity,

Y ya no tiene importancia para él
lo enorme del dolor ajeno.
                              y come,
                              y ríe,
y se olvida de todo.
Yo no quiero
            para mi patria
estas cosas.
Yo no quiero
            para ninguno
estas cosas.
Yo no quiero
              para nadie en el mundo
estas cosas.
            Y digo yo,
porque el dolor
              debe llevar
claramente establecida su aureola.

Este es el mundo libre, dicen.

Ahora compárame en el tiempo.
Y díle a tus amigos
que la risa mía
se me ha vuelto una mueca
                            grotesca
en medio de la cara.
Y que digo amen su mundo.
Y lo construyan bello.
Y que me alegro mucho
de que ya no conozcan
ínjusticias
            tan hondas y abundantes.

The enormous pain of another
is no longer his concern

         and he eats
         and he laughs

and he forgets everything.

I don't want these things
for my country.
I don't want these things
for anyone.
I don't want these things
for anyone in the world.

         And I say I

because pain
should carry
an indelible aura.

This is the free world, they say.

Look at me.
And tell your friends
my laughter
has turned grotesque
in the middle of my face.

Tell them I love their world.
They should make it beautiful.
And I'm very glad
they no longer know
injustices
         so deep and painful.

EXILIO

Mi exilio era de llanto.

La eterna mirada gris de los policías
sobre mi rostro insuficiente.
Los mesones del hambre más allá del puñado
de dólares violadores de patrias.
El equipaje arreglado todos los meses,
dispuesto a finalizar su éxodo
de lágrimas y polvo.

Caminé por las costas ajenas
buscando el rostro de mi país.
Madrugadas de gaviotas me seguían.
Recibía abrazos dados con la fuerza brutal
del que siente un cataclismo de rosas
en la parte más escondida del alma ;
apretones de mano en las noches
de fuga, donde siempre se encendía
la mirada fluvial de nuestra madre,
y su vieja dimensión de ceiba
con sus ramas en alto,
defendiendo la ciudad de los pájaros
de la eterna ofensiva del agua.

Yo era una lágrima de mi patria
que rodaba por la cara de américa.

Porque soy de los que llevan
                          todavía
vientos maternales
en las pupilas de la sangre.
De los que lloran golondrinas
cuando sueñan el rostro de su infancia.
De los que persiguen ágiles mariposas.
Y de aquellos que navegan con su barco de papel
todas las tardes del invierno.

I am only the young tide
                    of my people.
And yet I say :
tomorrow my long hair
of fish
will be white.
My face will be wiped out
by hands of fog.
The shape of my bones
will be lost in a wind
of ash.
        But my heart
will be a whole soldier
with flags flying.

II

You, who sell my country,
listen :
Have you heard the land walk
beyond your blood?
Did you ever wake up
crying from the sound of your pulse?
Sitting at a cafe in a far off land
one winter day
have you listened to men speaking
of your fight?
Have you seen the moribund exile,
in a dirty room, sprawled
on a bed of planks,
question the vague stature
of his children far from his love?
Have you heard him combing his laughter?
Have you once cried on the great belly
of our country? Have you been victim
of that accusation :
communist ! because you were different
from the deifying sheep of the despot?
Have you watched as the sweet seamstress
planted a tender kiss on the oily cheek
of her prince the mechanic?
Or pressed the calloused hand
of the workers who build
the world's collective destiny?
Have you seen poor children laugh
the beautiful optimism of their childhood?

Mercader de mi claro país, tu silencio
es más grande que toda tu riqueza.
Y ustedes, indiferentes, ¿qué dicen?
¡Silencio!
      No contesten nada.
No abran la boca,
         si no son capaces
de contestar protestando.

Y otra pregunta dolorosa para todos:
¿Saben acaso qué es el exilio?
¡Claro, qué van a saberlo!
Yo lo voy a decir:
      el exilio
es una larguísima avenida
por donde sólo camina
         la tristeza.
En el exilio, todos los días
se llaman simplemente agonía.

Y algo más, mercaderes e indiferentes
de mi país. En el exilio se puede perder
el corazón, pero si no se pierde,
         nunca
podrán asesinarle su ternura
ni la fuerza vital de sus tormentas!

Salesmen of my country, your silence
is greater than all your cash.
And you, the indifferent, what do you say?
Silence!
          You do not answer,
Don't open your mouths
if you can't
answer in protest.

One last painful question for all:
Do you even know what exile is?
Oh, you will know!
I'll tell you:
                    exile
is a long long avenue
where only sadness walks.
In exile every day
is called simply: agony.

And one more thing, salesmen and indifferent
of my land. In exile you can lose
your heart, but if you don't
they'll never be able to kill its tenderness
nor the powerful strength of its storms.

AMEMOS ESTE INVIERNO

Oh, mi amada,
qué pocos inviernos
han de pasar
antes de que tu mano,
que reposa en mi pecho,
levante su vuelo para siempre!

Ha de ser muy triste
ese día, y lloverá duramente el doler.

Tú has sembrado así,
al darme tu alegría
en alma y piel espléndida,
mi futuro dolor.

Oh, mi amada,
cuántos inviernos
han de pasar,
antes de que la luna
de mi frente,
oculta en tus cabellos,
haya vuelto
           a mi vieja juventud,
entonces ya a un imposible
de distancia
           para todo mi anhelo.

Amemos este invierno,
amada,
hoy que somos todavía
un año más jóvenes
que el próximo invierno.
Y antes de que empiecen
a pasar, los que vienen,
y se lleven tu mano de mí
y mi frente de tí,
oh, amada mía,
           con sus lluvias.

LET'S LOVE THIS WINTER

Oh, my love,
what few winters
will pass
before your hand
that rests on my chest
goes out in flight !

That will be a sad day,
a pain like hard rain.

So you have sown
the future of my pain
in the happy gift
of your splendid soul and flesh.

Oh, my love,
how many winters
will pass
before the moon
in my forehead,
hiding in your hair,
returns
        to my aging youth,
a then impossible
distance
        the width of my desire.

Let's love this winter,
love,
now that we are still a year younger
than the winter to come.
And before those that begin,
pass, those that arrive,
and they take your hand from me
and my forehead from you
oh, my love,
            with their rain.

AUN BAJO LA AMARGURA

Al fondo de la noche
bajan los pasos y se van.

Cavilosas tinieblas los rodean.
Calles. Borrachos. Edificios.
Alguien que huye de sí mismo.
Una botella rota, sangrando.
Un papel viudo gira en una esquina.
Un librepensador se orina sobre el césped,
donde mañana jugarán los niños bien,
$\qquad\qquad\qquad\qquad$ junto al rocío.

Algo rechina a lo lejos, hierro oscuro, genital.
Asfalto y piedras ciegas, aire dormido,
oscuridad, frío, policías, frío, más policías.
Calles, prostitutas, borrachos, edificios.
De nuevo policías, soldados. Otra vez policías.
Las estadísticas dicen : por cada 80 mil judiciales
hay un doctor en Guatemala.

Comprender entonces, la pobreza de mi país,
Y mi dolor y la angustia de todos.
Si cuando digo : ¡ Pan !
$\qquad\qquad\qquad\qquad$ me dicen :
¡ calla !,
y cuando digo : ¡ Libertad !,
$\qquad\qquad\qquad\qquad\qquad$ me dicen :
¡ muere !
$\qquad\qquad$ Pero no callo ni muero.
Vivo
$\qquad$ y
$\qquad\qquad$ lucho, Y eso enloquece
a los que mandan en mi país.
Porque si vivo,
$\qquad\qquad\qquad$ lucho,
$\qquad\qquad\qquad$ y si lucho,
contribuyo al amanecer.
Y de esta manera nace la victoria
aún en las horas más amargas.

EVEN BENEATH THIS BITTERNESS

At the bottom of the night
the footsteps descend and retreat.

Shadows surround them.
Streets, drunks. Buildings.
Someone running away from himself.
A broken bottle, bleeding.
A widowed paper sailing around a corner.
A freethinker pissing on the grass,
where tomorrow the well-dressed children
will play
          beneath the dew.

Far away something screams, dark metal, genital.
Asphalt and blind stones, sleeping air,
darkness, cold, police, cold, more police.
Streets, whores, drunks, buildings.
Police again, soldiers, again police.
The statistics say: for every 80,000 officers of the law
there is one doctor in Guatemala.

Then understand the misery of my country,
and my pain and everyone's pain.
If when I say: Bread!
                    they say
shut up!
and when I say: Liberty!
                       they say
Die!

But I don't shut up and I don't die.
I live
and fight, maddening
those who rule my country.

For if I live
I fight,
and if I fight
I contribute to the dawn.
And so victory is born
even in the bitterest hours.

EL ANTEPASADO MAS ANTIGUO

I

El antepasado
más antiguo
que tengo
     es el amor

Lo sé bien.

Cuando se besaron
los primeros
enamorados de la tierra,
se le estaba poniendo
nombre
a mis labios.
Y comenzaba
la biografía
de este dolor
que no concluye.

De todas maneras,
el amor siempre
nos duele igual.
Y el primer
dolor
ha de haber sido
el más grande,
porque aún
tiene fuerzas
para aletear en nosotros.

II

El amor es como una casa
que se construye,
para que en su techo
puedan cantar los pájaros,
la lluvia y el viento,
y adentro puedan vivir
los hombres y su sombra.
Se pone un ladrillo

THE ORIGINAL ANCESTOR

I

My first
my most ancient
ancestor
       is love,

I know it well.

When the first lovers
on earth
kissed
they were putting
name to my lips.
The endless pain
of this biography
begun.

In any case
love is always
pain.
And the first pain
must have been
the greatest,
its strength
still moving in us.

II

Love is like a house
built
so that birds
wind and rain
sing in its eaves,
and men and their shadows
live inside.
Lay a brick

y otro ladrillo encima,
hasta que una mañana
cualquiera,
oímos un canto
en el techo
y un llanto
adentro de la casa.
El techo es el alma
de las casas.
A partir de ahí
comienza el viento.

III

Es todo tan complejo,
tan mundo mundo,
que si mi mano te busca,
tu mano se encarga
de matar su vuelo.
Así no se sabe nunca nada.
Por lo menos no se sabe
si tu piel
tiene color dulce
o si tan sólo son tus ojos
los que arden en mi pecho.

Uno para amar
debe exigirlo todo.
Cuando alguien niega algo,
le está poniendo luto
a su cuerpo.

Por eso uno se rebela
si la entrega no es completa.

Si tú me besas la boca,
¿por qué no puedo besarte
la luz de los senos?
Todo lo que limita
trae consigo
variedad de caminos.

Por fin, uno se larga solo.
Y alguien se queda triste.

Pero pocos lo saben, en verdad.

and another beside it,
until one morning
of many,
we hear a song
in the roof
and a cry
within the house.
The roof is the soul
of houses.
From it the wind begins.

III

It is all so complex,
so worldly worldly,
that if my hand looks for you
your hand takes care
of stopping its flight.
That way nothing is known.
No one knows
if your skin
is the color of sweetness
or if it's only your eyes
that burn in my chest.

To love
one must ask for everything.

Any one part
denied
puts the body in mourning.

And so one rebels
if the offering is not complete.

If you kiss my mouth,
why can't I kiss
the light of your breasts?
All that has limits
defines
a scattering of roads.

In the end, one remains alone.
And someone is left in sadness.

To be truthful, few even know.

IV

Nos empeñamos
tanto
en estar solos con nosotros,
que todo se nos muere
muy fácil en pupila.
Y seguimos de frente
con estas manos
ciegas
que palpan
la distancia,
hacia donde se huye,
para no retornar jamás,
porque las manos
seguirán siempre
de largo hacia las sombras.

Luego, nos dicen inestables.
No sé. No podría comprender nunca.
Uno no entiende tantas cosas.

Pero algo se bien.

Alguien
puso en mis labios
esta inconstancia que sufro.
Tal vez
el antepasado
más antiguo que tengo :
el amor.

IV

We try
so hard
to be alone with ourselves,
that everything dies
in the trying.
And we keep on going
with these blind
hands
reaching to touch
the distance
where it flees,
never to return,
because these hands
would go on forever
into the shadows.

Then, they call us unstable.
I don't know. I never could understand.
One can't understand so many things.

But one thing I know.

Someone
put this inconsistency I suffer
on my lips.
Perhaps
my original ancestor :
love.

DISTANCIAMIENTOS

I

En 1935 repetía Hitler,
"El tercer Reich durará
más de mil años".

¿Qué decía Hitler,
diez años después,
bajo las ruinas de Berlin?

Poco tiempo después,
mister Dulles, roncando
como un caterpillar, decía:
"En esta década se viene abajo
el sistema esclavista del comunismo".

¿Qué hacía Juri Gagarin,
poco tiempo después,
sobre los anchos océanos
y los vastos territorios de américa,
enviando saludos a los hombres?

Tenía razón Thomas Mann, cuando dijo:
"El anticomunismo es la tontería
más grande del siglo veinte".
Y sin embargo,
                    los intereses,
                    las ganancias,
siguen fanfarroneando,
siguen matando,
                    todavía.

DISTANCES

1.

In 1935 Hitler said
"The Third Reich
will last a thousand years."

What did Hitler say
ten years later
under the ruins of Berlin?

A few years later
Mister Dulles, snoring
like a caterpillar
said "This decade will see the end
of the slavery of communism."

What did Yuri Gagarin
do a few years later,
sending his greetings to men
over the wide oceans
and vast territories of America?

Thomas Mann was right
when he said
"Anti-communism
is the most ridiculous mode
of the twentieth century."
Still
        the interests
        the profit
continue their fanfare
continue killing
                    still.

2

Un amigo me dice,
bajo el aire amargo de diciembre :
"Estoy decepcionado. Todo marcha
tan lento. La dictadura es fuerte.
Me desespera y me duele el destino
calvariento de mi pueblo".

Y yo, sintiendo su hondo dolor, la tristeza
honrada y gris de mi amigo, sabiendo su lucha
                              por seguir luchando
no digo : ni cobarde, ni álzate, ni flojo,
ni pesimista, claudicante, pobre diablo.

Sólo le paso el brazo por el hombro,
para que sea menos
la crueldad desgarradora de su frío.

3

Han tocado
            a la puerta.

Frente a mí, dos ojos roncos.
Y atrás, un niño que apenas los sostiene,
con sus seis años de miseria nacional,
de infamia nacional, de cobardía nacional.
Tiende su mano limosnera
y sobre el rostro de mi país
                              cae
mi corazón a puñetazos,
                    protestando
por la muerte previa
                de este hombre.

Y sin embargo,
            cuando le doy el pan,
la ternura de sus ojos me saluda
desde lo hondo de su ignorancia.

4

Alguien entona el himno nacional.
Es en la calle. Yo me levanto
y miro por la ventana de la casa

2.

Under the bitter December air
a friend says
"I'm disillusioned. Everything goes
so slowly. The dictatorship is strong.
I'm desperate and pained
by the calvary of my people."

And I, sensing his anguish, the gray
and noble sadness of my friend,
knowing his fight
                    to keep on fighting,
do not say : coward or go to the mountains
or lazy or pessimist,
rigid, poor devil.

I only put my arm around his shoulder,
so the tearing cruelty of his cold
be less.

3.

A knock
          at the door.

Before me, two sore eyes.
And behind them, a child whose six years
barely support the national misery,
the national infamy, the cowardly nation.
He extends his hand
and on the face of my country
the pieces of my heart
fall split by blows
protesting this man's death
already dead.

Still
      when I give him bread
his tender eyes speak to me
from the depths of his ignorance.

4.

Someone hums the National Anthem.
In the street. I get up
and look from the window

en donde estoy viviendo ahora.
Quien canta el himno anda descalzo.
Seguramente también sin desayuno.
Es un voceador de mentirosos,
                                    matutinos
                                    y vespertinos.

Quince años tendrá a lo sumo.
Quince años de miseria, apuesto.
Y de su voz, ronquísima, emerge,
como un dios griego y bien comido,
el himno nacional de Guatemala.
Si no lo hubiera visto, seguramente
hubiera dicho : Ahí canta un militar!

5

Recién llegado de Europa,
uno de mis sobrinos me pregunta,
si conozco Madrid.

Yo le contesto secamente : No.
Y sigo narrando de París.

Pero mi relato palidece.
La sangre se me ha agolpado
de pronto en el corazón,
que sangra horriblemente.

6

En tiempos del tirano Ubico,
a finales del 42, según se cuenta,
hubo un albañil en la Parroquia
que se atrevió a pintar : "Libertad.
Avajo el jeneral sangriento",
en los muros de la ciudad.
El albañil fue capturado,
y luego se le interrogó,
por qué era tan loco
de mal querer al General,
si éste contaba apoyo militar
y su poder era inconmovible.

El albañil respondió : Ubico caerá.
y todos se rieron. Ese hombre está loco,
dijeron. El General mandará siempre en Guatemala.

of the house where I live now.
He who sings is barefoot.
Surely also without breakfast.
He is a hawker of lies

          morning
          and afternoon.
Fifteen years at best.
Fifteen years of misery, I bet on that.
And from his hoarse throat,
like a Greek god well fed,
emerges the National Anthem of Guatemala.
If I hadn't seen it, surely
I'd have said: "A soldier singing."

5.

Recently returned from Europe
one of my nephews asks me
if I know Madrid.

I say no, brusquely,
and continue talking about Paris.

But my story goes pale.
The blood, hitting hard
and sudden in my heart,
the horrible bleeding.

6.

In the days of Ubico the tyrant,
end of '42, as the story goes,
there was a mason in the parish
who dared paint "*Liverty,
Doun with th blody jenral*"
on the city walls.
The mason was caught,
questioned,
—why was he so crazy
as to hate the General
if the General had complete military support
and his power was invincible.

And the mason said: Ubico will fall.
And everyone laughed. This is a crazy man,
they said. The General will rule forever

Hasta que se muera. El es, como dios, todopoderoso.
Nadie moverá un dedo contra él. Su poder es infinito
y el pueblo es un cobarde aguantador
que le teme a la milicia de granito.

Pero el terco albañil dijo : Ubico caerá.
El no mandará siempre en Guatemala.
El pueblo se levantará contra él.

Y se le fusiló, muy de mañana, en el cuartel,
más por incrédulo que por sublevado,
al albañil de la Parroquia, que escribió :
"Livertad. Avajo el jeneral sangriento",
en los muros de la ciudad.

7

En la calle alguien me detiene
y se pone a llorar sobre mi pecho.
Los que pasan ven y cierran más aún
la oscura rosa de su sangre inconforme.

"¡ Me lo han matado, a mi hijito.
Me lo asesinaron estos gorilas !",
me dice, esparciendo la ceniza
de su voz, enlutada para siempre.

Y yo, que amo tanto la vida
Qué lucho por que todos la amen.
Por que nadie se queje de ella,
siento ganas de matar
al que mató, ciegas, hoscas,
                                    indias, rudas
ganas de vengar al matado,
                                    matando.

Pero no digo ni hago nada.

Acaricio tiernamente la cabeza blanca
de la anciana que llora en mi pecho,
y la vida me duele ahora más que nunca.
Y sin embargo sé : hay tantas formas
de dar la vida por la vida. Lo importante es :
darla como se tiene que dar !

in Guatemala. Until he dies. Like God,
he is all powerful.
No one will lift a finger against him.
His power is infinite
and the people are cowardly, resigned,
afraid of his granite strength.

But the stubborn mason said : Ubico will fall.
He will not rule forever in Guatemala.
The people will rise against him.

And they shot him, in the morning,
in the barracks,
more for disbeliever than subversive,
the mason of the parish who wrote :
"*Liverty. Doun with th blody jenral*"
on the walls of the city.

7.

In the street someone stops me
and cries against my chest.
Those who pass look and close a bit more
the obscure rose of their nonconformist blood.

"They've killed him, my son.
They've killed him, those gorillas !"
she tells me, letting the ashes
of her voice fall, blackened forever.

And I, who love life so,
who fight so that all will love it
and no one will have to complain of it,
feel the desire to kill
he who killed, blind, awkward,
                              rude indian
desire to revenge the killed
                              by killing.

But I say and do nothing.

I stroke the white head
of the old woman crying on my chest,
and life is more painful than ever.
And still I know : there are many ways
to give life for life.
The important thing :
to give it as it must be given !

ALGO MAS QUE LA FUERZA

**A tí, que también debe dolerte
mucho estar ausente.**

I

Es un agudo
atardecer de agosto,
y digo a todos,
que ahora estoy
más triste que siempre.
Pero tal vez
nadie en el mundo
lo entienda como tú,
amor mío,
ahora que soy en tí
tan sólo un largo
y áspero suceso
                de llanto.

De lejos,
viendo como te han roto
mi alegría a golpes,
aún no pueden comprender
mis manos,
que les hayan quitado
tan de golpe
                al viento moreno
de tu rostro.

II

No quieren
                que hacia tí
fluyan mis ríos.
                No les gusta
que hacia mi
                vuelen tus alas.

SOMETHING MORE THAN FORCE

**for you, who must feel the pain
of this absence too**

I

It's a sharp august dusk
and I say to you all,
now I am sadder than ever.
Perhaps nobody knows
as you do, my love,
now that I'm only
a long succession of cries
                              inside you.

Far away,
with blows they have broken my joy
in your body,
still they can't understand my hands
that so suddenly ripped
the dark wind from your face.

II

They don't want
                    my rivers
to flow in you.
                    They don't like
your wings
            to fly to me.

Ellos quieren
              ignorar
el gesto propio de tus labios
y le han puesto
                  una cruz oscura
al nombre que te gusta
                      repetir
sobre el planeta.

Pero no pueden
                evitar,
amor mio,
          que en el fondo
lejano de tu pecho,
                  tu corazón
duplique en labio
                mi ternura.

No pueden,
             amor mío,
arrancarte en salvaje
del alto clima
              que vives
en mis ojos.

No pueden,
             amor mío,
sacarte a golpes de mi vida,
porque como el mar,
yo también guardo en mí
algo de tu nombre !

They want to ignore
the gesture of your lips
and they've put a dark cross
on the name you love
                    to repeat
over the planet.

But, love,
they cannot erase your heart
in the far away depths of your breast
as it beats my tenderness.

They can't, love,
tear you from the heights
you live in my eyes.

They can't my love,
rip you out of my life
because, like the sea,
I too keep something of your name
in me.

DE LOS DE SIEMPRE

Usted
        compañero,
es de los de siempre.
De los que nunca
se rajaron,
¡ carajo !.
De los que nunca
incrustaron su cobardía
en la carne del pueblo.
De los que se aguantaron
contra palo y cárcel,
exilio y sombra.

Usted,
        compañero,
es de los de siempre.

Y yo lo quiero mucho,
por su actitud honrada,
milenaria,
por su resistencia
de mole sensitiva,
por su fe,
más grande
y más heróica,
que los gólgotas
juntos
de todas las religiones.

Pero, ¿sabe?.
Los siglos
venideros
se pararán de puntillas
sobre los hombros
del planeta,
para intentar
tocar
su dignidad,
que arderá
de coraje,
        todavía.

THE ONE WHO IS ALWAYS THERE

You,
     compañero,
the one who is always there.
The one
who never fell back.
Shit !
The one who never
played coward
with the flesh of the people.
Who stood up
against beatings and jail,
exile and shadow.

You,
     compañero,
the one who is always there.

And I love you
for your timeless honor,
—little sensitive animal,
for your faith,
greater
and more heroic
than all the giants
of all the religions combined.

But, you know,
the centuries to come
will stand on their toes
on the shoulders of this planet,
trying to touch your dignity
burning with courage
                    even then.

Usted,
        compañero,
que no traicionó
a su clase,
            ni con torturas,
            ni con cárceles,
            ni con puercos billetes,
usted,
        astro de ternura,
tendrá edad de orgullo,
para las multitudes
delirantes
que saldrán
del fondo de la historia
a glorificarlo,
                a usted,
al humano y modesto,
al sencillo proletario,
al de los de siempre,
al inquebrantable
acero del pueblo.

You,
    compañero,
who never betrayed
your people,
           with tortures
           nor with prisons,
           nor with graft,
you,
    tender star,
will come of age with pride
for the delirious millions
emerging
from the depths of history
to give you glory,
                you,
modest and human,
simple proletariat,
the one who is always there,
unbreakable
metal of the land.

VIERNESANTO

¿Dónde pondré
mi frente el viernesanto,
si me faltan tus manos?
¿Dónde pondré
mi simple boca,
si se han fugado tus labios?

A las tres de la tarde
será crucificado mi beso
en la cumbre de tu ausencia.
De todo, lo que más odio
es la corona de mi soledad :
ahí estará tu nombre
apoyándose en espinas.

A esa hora me negarás.

No tres veces, sino mil.

Cuando vuelvas,
saldrá a encontrarte
un agudo viento de campanas
que se va de mi pecho,
viudo ya de su agonía.

Tenía que ser así
entre nosotros.
Tú llegaste demasiado
temprano.
Y yo vine demasiado
tarde,
amor,
al encuentro de nosotros.
Ahora llega viernesanto
con su rostro de luto.

Un frío solitario
extiende sus alas
en mi alma.
En el fondo de mi
te apagas lentamente.

Y a pesar de todo,
continuo viviendo.

GOOD FRIDAY

Where will I put my head
this good friday
if your hands are gone?
Where will I put my single mouth
if your lips aren't there?

At three in the afternoon
my kiss will be crucified on your absence.
Through it all, what I hate most
is the crown of my loneliness :
there your name
is supported on thorns.

The hour in which you deny me.

Not three times, but a thousand.

When you return,
a sharp wind of bells
escaping from my chest
will go out to meet you,
widowed of my agony.

It had to be this way with you and me.
You arrived too early.
I came too late,
love,
to our encounter.
Now good friday arrives
with its face in mourning.

A strange cold
extends its wings
in my soul.
In the depths of me
you extinguish yourself
slowly.

And in spite of everything
I keep on living.

LIBERTAD

Tenemos
por tí
tantos golpes
acumulados
en la piel,
que ya ni de pie
cabemos
en la muerte.

En mi país,
la libertad no es sólo
un delicado viento del alma,
sino también un coraje de piel.
En cada milímetro
de su llanura infinita
está tu nombre escrito :
libertad.
En las manos torturadas.
En los ojos,
abiertos al asombro
del luto.
En la frente,
cuando ella aletea dignidad.
En el pecho,
donde un aguanta varón
nos crece en grande.
En la espalda y los pies
que sufren tanto.
En los testículos,
orgullecidos de sí.
Ahí tu nombre,
tu suave y tierno nombre,
cantando en esperanza y coraje.

Hemos sufrido
en tantas partes
los golpes del verdugo
y escrito en tan poca piel
tantas veces su nombre,
que ya no podemos morir,
porque la libertad
no tiene muerte.

FREEDOM

For you
we have so many blows
on our skin
that even standing on end
there's no room for us in death.

In my country
freedom is something more
than a delicate breeze of the soul,
it is also a courage of skin.
In every inch of its infinite cry
your name is written :
freedom.
In the tortured hands.
In the eyes, open in shock
of mourning.
On the brow in its dignity.
In the breast, where man
grows up in us.
On our back, in our feet that suffer.
In our balls
proud of themselves.
There your name, your soft and tender name
sings courage, sings hope.

We have suffered assassins' blows
in so many parts
and written your name
on so little skin
that death is no longer our end,
freedom has no place in death.

Nos pueden
seguir golpeando,
que conste, si pueden.
Tú siempre serás la victoriosa,
libertad.
Y cuando nosotros
disparemos
el último cartucho,
tú serás la primera
que cante en la garganta
de mis compatriotas,
libertad.
Porque
nada hay más bello
sobre la anchura
de la tierra,
que un pueblo libre,
gallardo pie,
sobre un sistema
que concluye.

La libertad,
entonces,
vigila y sueña
cuando nosotros
entramos a la noche
o llegamos al día,
suavemente enamorados
de su nombre tan bello :
libertad.

They can hit us again
and again, believe me, they can.
You will always win,
freedom.
And when we fire the last round
you'll be the first to sing
in the throats of my countrymen,
freedom.

For there's nothing more beautiful
on the width of the earth
than a free people
putting finish to a system that dies.

Freedom,
then watch and dream with us
when we enter the night
or arrive at the day,
in love with your beautiful name:
freedom.

ULTIMAS PALABRAS

A tí, que preguntarás después
a todos por mis pasos.

I

A nadie
como a tí
quise alzar
en mis canciones,
rodear con toda
mi ternura,
inclinarme
sobre su alma
para ver pasar
todos los ríos
y todos los vientos
de su vida.

Y nadie como tú
se fracasó en mis manos,
se derrotó tan hondo,
tan sólo porque alguien
dijera, alguien que nunca salió
en definitivo de la niebla,
que yo era de todos los hombres
del planeta,
        el más vil
y el menos conveniente para tí.

II

Fuerzas le faltaron
a tus labios,
para perpetuarse
conmigo,
en el tiempo
que no ha llegado
todavía,
y sobre cuya cruz

LAST WORDS

To you, who will ask afterwards
everyone for my footsteps.

I

No one but you
did I wish to raise in my songs,
surround with all my tenderness,
bend down
over her soul
to see
all the rivers pass
and all the winds of her life.

And no one but you
so failed in my hands,
sank so low,
only because someone said,
someone who never really came
out of the shadow,
that of all the men in the world
I was the most vile,
the least suited for you.

II

Your lips
lacked strength to stay with me,
in a time not yet arrived,
and over whose cross

has de llorar
mañana,
cuando ya todo retorno
hacia mi loca forma
de quererte,
sea luctuoso naufragio
en las olas ya nunca
de tu pecho.

III

Son las seis de la tarde
del último día
del agosto más amargo
de mi vida,
y escribo, sin embargo,
estas gaviotas heridas
para decirte adiós.
Me rodea la soledad
con todas sus espadas.
Pero no importa,
aún me queda
un poco de luna
en el océano ciego
de la noche
que comienza,
ahora que falta
en total
tu andar de madrugada.
También
ha de saberse
que el alto velamen
de mi rostro,
siempre dirigido
a tu regazo de costa,
se quiebra igual,
en viento
              y en ceniza.

IV

Me voy,
ya no soy más
el áspero monólogo
que se ripte en esperanza.

you'll cry tomorrow,
when everything returns
to my crazy way of loving you,
mourn broken ship
in the waves now never in your breast.

III

It is six in the afternoon
on the last day
of the bitterest august of my life,
and nevertheless I write
these wounded scratchings
to say goodbye to you.
Loneliness surrounds me
with all its blades.
But it doesn't matter,
I am still left
with a little moon
in the blind ocean
of the night,
beginning with
your early morning walk.
And let it be known
the high flush of my face,
always directed at your coastal step,
breaks the same
in wind
        and in ash.

IV

I'm going
I am no longer
the dry monologue
that cracks in hope.

Ahora soy el abandonado, la hoja
que cae del árbol
toda llena de otoño,
y que habrá de sentir
durante algún tiempo todavía
la bondadosa presencia
                    del árbol.

Me voy,
            ya no me busques,
ahora me he marchado.

En mí, como en el ancla,
todo
se acostumbra de verdad
a la suave y dulce
huella
de la tierra marina,
pero no se puede quedar
sí más allá del fondo
del mar,
la ausencia es un suceso
                        claro.

En mí, como en el ancla,
despierta, entonces, también
la lejanía,
y ya sólo queda el adiós
como el último gesto
                        de ternura
para tí.

Adiós, amor,
                ya no me busques,
ahora me he marchado.

Now I am the abandoned, the leaf
that falls from the tree
all full of autumn,
and who will feel
for a time to come
the kindly presence
                    of that tree.

I'm going,
            don't look for me,
I am gone.

In me, as in the anchor,
everything accustoms itself
to the soft sweet mark
of marine earth,
but there's no staying
if beyond the bottom of the sea
absence walks transparent.

In me, as in the anchor,
distance then also awakens,
and now only the goodbye remains
as a last gesture
                    of tenderness
for you.

Goodbye my love,
                don't look for me,
I'm gone.

VAMONOS PATRIA A CAMINAR

I

Para que los pasos no me lloren,
para que las palabras no me sangren :
                    canto.
Para tu rostro fronterizo del alma
que me ha nacido entre las manos :
                    canto.
Para decir que me has crecido clara
en los huesos más amargos de la voz :
                    canto.
Para que nadie diga : ¡ tierra mía !,
con toda la decisión de la nostalgia :
                    canto.
Por lo que no debe morir, tu pueblo :
                    canto.

Me lanzo a caminar sobre mi voz para decirte :
tú, interrogación de frutas y mariposas silvestres,
no perderás el paso en los andamios de mi grito,
porque hay un maya alfarero en su corazón,
que bajo el mar, adentro de la estrella,
humeando en las raíces, palpitando mundo,
enreda tu nombre en mis palabras.
Canto tu nombre, alegre como un violín de surcos,
porque viene al encuentro de mi dolor humano.
Me busca del abrazo del mar hasta el abrazo del viento
para ordenarme que no tolere el crepúsculo en mi boca.
Me acompaña emocionado el sacrificio de ser hombre,
para que nunca baje al lugar donde nació la traición
del vil que ató su corazón a la tiniebla, negándote !

LET'S GO, COUNTRY

1. **Our voice**
2. **Let's go, country**
3. **Away from your face**

I.

So that the path doesn't cry for me,
So I don't bleed through the words,
    I sing.
For your face the soul's frontier
born in my hands :
    I sing.
To say you have grown transparent
in the bitter bones of my voice :
    I sing.
So no one may say—my land !
with all the force of nostalgia
    I sing.
For those who must not die, your people,
    I sing.

Walking out over my voice I say :
you, interrogation of fruits and wild butterflies,
you will not lose your way in the scaffolding of my cry,
for there is a Mayan potter in your heart
who, under the sea, within the star,
smoking in root, palpitating world,
catches your name in my words.
I sing that name, joyful as the violin which is plough
:encounter of my human pain is still to come.
From the sea's arm to the arm of the wind they look for me
to break the tolerence of dusk in my mouth.
The sacrifice of being man accompanies me,
keeps me from going down to the place where treason's
           born,
where the fool chained his heart to shadow, denying you.

2

Vámonos patria a caminar, yo te acompaño.

Yo bajaré los abismos que me digas.
Yo beberé tus cálices amargos.
Yo me quedaré ciego para que tengas ojos.
Yo me quedaré sin voz para que tú cantes.
Yo he de morir para que tú no mueras,
para que emerja tu rostro flameando al horizonte
de cada flor que nazca de mis huesos.

Tiene que ser así, indiscutiblemente.

Ya me cansé de llevar tus lágrimas conmigo.
Ahora quiero caminar contigo, relampagueante.
Acompañarte en tu jornada, porque soy un hombre
del pueblo, nacido en octubre para la faz del mundo.

Ay patria,
a los coroneles que orinan tus muros
tenemos que arrancarlos de raíces,
colgarlos en un árbol de rocío agudo,
violento de cóleras del pueblo.
Por ello pido que caminemos juntos. Siempre
con los campesinos agrarios
y los obreros sindicales,
con el que tenga un corazón para quererte.

Vámonos patria a caminar, yo te acompaño.

3

Pequeña patria mía, dulce tormenta,
un litoral de amor elevan mis pupilas
y la garganta se me llena de silvestre alegría
cuando digo patria, obrero, golondrina.
Es que tengo mil años de amanecer agonizando
y acostarme cadáver sobre tu nombre inmenso,
flotante sobre todos los alientos libertarios,
Guatemala, diciendo patria mía, pequeña campesina.

Ay, Guatemala,
cuando digo tu nombre retorno a la vida.
Me levanto del llanto a buscar tu sonrisa.
Subo las letras del alfabeto hasta la A

2.

Let's go, country, I will go with you.

I will descend the depths you claim for me.
I will drink of your bitter chalices.
I will remain blind that you may see.
I will remain voiceless that you may sing.
I will die that you may live,
so your flaming face appears
in every flower born of my bones.

That is the way it must be, unquestionably.

Now I am tired of carrying your tears with me.
Now I want to walk with you, in lightning step.
Go with you on your journey, because I am a man
of the people, born in October to confront the world.

Ay, country,
the colonels who piss on your walls
:we must pull them out by the roots,
hang them from the tree of bitter dew,
violent with the anger of our people.
For this I say let us walk together, always
with the agrarian peasants
and the union workers,
with he who has a heart to know you.

Let's go, country, I will go with you.

3.

My small country, sweet torment,
a bed of love lifts my pupils
and my throat fills wild with joy
when I say country, worker, *golondrina*.
A thousand years I have wakened in death
and laid my cadaver to sleep on your great name,
floating over all of freedom's breath,
Guatemala, saying, my country, little *campesina*

Ay, Guatemala,
saying your name I come back to life.
I rise from the cry in search of your smile.
I raise the letters of the alphabet to A

que desemboca al viento llena de alegría
y vuelvo a contemplarte como eres,
una raíz creciendo hacia la luz humana
con toda la presión del pueblo en las espaldas.
Desgraciados los traidores, madre patria, desgraciados.
Ellos conocerán la muerte de la muerte hasta la muerte !

¿Por qué nacieron hijos tan viles de madre cariñosa?

Así es la vida de los pueblos, amarga y dulce,
pero su lucha lo resuelve todo humanamente.
Por ello patria, van a nacerte madrugadas,
cuando el hombre revise luminosamente su pasado.
Por ello patria,
cuando digo tu nombre se rebela mi grito
y el viento se escapa de ser viento.
Los ríos se salen de su curso meditado
y vienen en manifestación para abrazarte.
Los mares conjugan en sus olas y horizontes
tu nombre herido de pálabras azules, limpio,
para llevarte hasta el grito acantilado del pueblo,
donde nadan los peces con aletas de auroras.

La lucha del hombre te redime en la vida.

Patria, pequeña, hombre y tierra y libertad
cargando la esperanza por los caminos del alba.
Eres la antigua madre del dolor y el sufrimiento.
La que marcha con un niño de maíz entre los brazos.
La que inventa huracanes de amor y cerezales
y se da redonda sobre la paz del mundo,
para que todos amen un poco de su nombre :
un pedazo brutal de sus montañas
o la heróica mano de sus hijos guerrilleros.

Pequeña patria, dulce tormenta mía,
canto ubicado en mi garganta
desde los siglos del maíz rebelde :
tengo mil años de llevar tu nombre
como un pequeño corazón futuro,
cuyas alas comienzan a abrirse a la mañana.

where the wind flows out in gladness
and I return to contemplate you as you are,
a root growing towards the human light
with all the pressure of the people on your back.
Damned be the traitors,
                        earth,
                        mother,
                                damned!
They shall know the death of death until death!

From a loving mother, how are these vile sons born?

This is the life of the *pueblos*, bitter and sweet,
but her fight will put a human end to all.
For that, my country, dawns will be born of you,
when man revises luminously his past.
For that, my country,
when I say your name I reveal my cry
and the wind escapes its condition of wind.
The rivers leave their meditated course
and demonstrate, their arms about you.
The seas, on their waves and horizons,
swear your name, wounded with blue words, clean,
to carry you to the people's piercing cry,
where fish swim with auroreal fins.

The fight of men redeems you in your life.

Country, small, man and land and liberty
carrying hope on morning paths.
You are the ancient mother of suffering and pain.
She who goes with a child of corn in her arms.
She who invents hurricanes of love and cherry shoots
and blossoms out over the peace of the world
so that all will love a little of your name:
a brutal piece of your mountains
or the heroic hand of your guerrilla sons.

Small country, my sweet torment,
song settling in my throat
from centuries of rebel corn:
for a thousand years I carry our name
like a tiny future heart,
whose wings begin to open tomorrow.